Table des matières

C'est la fête! 1

1. La Journée nationale des Autochtones 3

2. L'Action de grâces 13

3. La fête du Canada 23

4. Le Stampede de Calgary 33

5. Le Carnaval de Québec......................45

Glossaire 56

Dates des fêtes au Canada....................58

Index 59

Références photographiques 60

Le Canada vu de près

Les festivités de chez nous

Susan Hughes

Texte français de Claudine Azoulay

Éditions
SCHOLASTIC

Catalogage avant publication de Bibliothèque et Archives Canada

Hughes, Susan, 1960-
Festivités de chez nous / Susan Hughes ; texte français de Claudine Azoulay.

(Le Canada vu de près)
Traduction de: Canadian celebrations.
ISBN 978-1-4431-0734-1

1. Jours fériés--Canada--Ouvrages pour la jeunesse. 2. Fêtes-- Canada--Ouvrages
pour la jeunesse. I. Titre. II. Collection: Canada vu de près

GT4813.A2H82714 2012   j394.26971   C2011-908273-X

5 4 3 2 1   Imprimé au Canada 119   12 13 14 15 16

MIXTE
Papier issu de
sources responsables
FSC® C103113

C'est la fête!

Pourquoi toute cette effervescence?

Le Canada a de nombreuses raisons de faire
la fête. Tout au long de l'année, nos festivités
nous rappellent qui nous sommes et ce qui
est important pour nous. Nous remercions
la terre pour sa générosité. Nous soulignons
les changements de saison. Nous honorons
les divers peuples de notre nation et notre
passé historique. Nous fêtons l'anniversaire
du Canada en grand!

Tu veux t'amuser toi aussi? Alors, viens faire
la fête avec nous!

Chapitre 1

La Journée nationale des Autochtones

Tous les ans, la Journée nationale des Autochtones est célébrée le 21 juin. Ce jour-là, les Canadiens de toutes les régions reconnaissent les peuples et les cultures autochtones de notre pays.

Les **Autochtones** sont les descendants des premiers habitants du Canada. Ce sont les **Inuits**, les **Premières Nations** et les **Métis**. Ces trois groupes comprennent plusieurs nations. Chacune de ces nations possède des croyances, des traditions, une langue et une histoire distinctes.

Les Autochtones du Canada

Les communautés autochtones se trouvent en milieu urbain, en milieu rural et dans des régions éloignées.

Les descendants des premiers habitants du Grand Nord canadien sont les Inuits.

Les peuples des Premières Nations vivent partout au Canada. Par exemple, les territoires des Mi'kmaq se situent dans les Maritimes; les Pieds-Noirs vivent dans les Prairies et les Haïdas se retrouvent sur la côte du Pacifique.

Il y a plusieurs centaines d'années, des colons sont venus d'Europe. Les membres des Premières Nations et ces nouveaux arrivants se sont rencontrés et ont fondé des familles ensemble. C'est ainsi qu'est née la nation Métis.

Il y a une trentaine d'années, des membres de groupes autochtones et non autochtones canadiens ont proposé de créer une nouvelle fête canadienne. Cet événement serait l'occasion de célébrer les cultures des peuples autochtones de notre pays et de mettre en lumière les réalisations de leurs membres.

Des femmes inuites interprètent un chant guttural traditionnel, une des formes de musique les plus anciennes au monde.

Tous les participants étaient d'avis que le 21 juin était la date idéale pour célébrer cet événement. Pourquoi? Parce que depuis des générations, de nombreux peuples autochtones organisent des festivités à cette époque de l'année pour souligner le **solstice d'été** qui tombe autour de cette date. C'est le jour le plus long de l'année et le premier jour de l'été.

En 1996, le 21 juin a été officiellement déclaré Journée nationale des Autochtones dans toutes les provinces et tous les territoires. Désormais, d'un bout à l'autre du pays, les gens participent à des festivités.

L'ancienne gouverneure générale, Adrienne Clarkson, a dit : « Cette journée est une occasion pour nous tous de célébrer notre respect et notre admiration pour les membres des Premières Nations, les Inuits et les Métis, pour le passé, le présent et l'avenir. »

La Journée nationale des Autochtones permet à tous les Canadiens de découvrir ensemble la culture autochtone. Des centaines d'activités publiques ont lieu dans tout le pays. Elles se déroulent dans les communautés autochtones, les villages et les villes. Des affiches et des messages publicitaires encouragent les gens à y participer.

Les préparatifs de la Journée nationale des Autochtones débutent longtemps à l'avance. Par exemple, l'APTN (la chaîne de télévision des peuples autochtones) organise un concours annuel de drapeaux. Elle invite les gens de tout le pays à dessiner un drapeau illustrant la signification de cette journée et les valeurs qu'elle véhicule. Chaque année, des centaines de personnes participent à ce concours. Le dessin choisi se retrouve sur un drapeau qui flotte au-dessus des bureaux de l'APTN à Winnipeg.

Taylor Vanasse, 16 ans, créatrice du dessin de ce drapeau, a gagné le concours 2011 de l'APTN. Elle a choisi des symboles pour représenter les cultures et les modes de vie de nombreux peuples autochtones du Canada.

Les pow-wow

Les pow-wow sont une autre célébration importante pour de nombreuses Premières Nations. Ils ont lieu tout au long de l'année et peuvent durer six jours.

Le nom vient de « pau wau », un mot algonquin désignant un rassemblement. Au fil du temps, le mot a évolué pour signifier une célébration spéciale du cercle de la vie. Les familles et les communautés se rassemblent pour participer à des cérémonies et à des rituels où musique et danse sont au rendez-vous.

Il existe de nombreux types de pow-wow, mais les plus communs sont le pow-wow traditionnel et le pow-wow de compétition. Les danses ont lieu dans une aire de danse, lieu sacré pendant la durée du pow-wow. Elles varient d'une nation à l'autre. La plupart sont basées sur l'observation de la nature ou de la vie sauvage. Les chants ont été transmis d'une génération à l'autre. Les pow-wow de compétition comportent aussi des concours de tambour.

Tous les gens présents – les spectateurs et les participants – témoignent leur gratitude au Créateur de la vie.

Lors d'un pow-wow traditionnel, tout le monde peut participer aux danses et aux chants.

Dans un pow-wow de compétition, les juges notent les danseurs en fonction de la forme et du style de leur danse, de leur costume (regalias) ainsi que de leur habileté à suivre le rythme du tambour.

Une démonstration de danse pour célébrer la Journée nationale des Autochtones à Regina, en Saskatchewan.

Le 21 juin, des activités et des événements divers selon les traditions culturelles de la nation ont lieu. Les festivités peuvent débuter par une cérémonie du lever du soleil et un déjeuner de crêpes. Parfois, les artisans exposent et enseignent leur artisanat, comme le perlage, la couture ou la fabrication d'objets en piquants de porc-épic. Il y a aussi des démonstrations de sculpture, des jeux et des contes. On peut voir des Métis danser ou giguer, et des Inuits exécuter des chants gutturaux et jouer du tambour. Les gens peuvent faire de la randonnée ou même une balade en canot!

On peut également déguster des mets, comme du pain frit, des burgers à la bannique et du ragoût d'orignal. Souvent, on prépare un gâteau de la Journée des Autochtones et chacun a droit à une part!

Que ferez-vous le 21 juin prochain? Pourquoi ne pas participer à l'une des célébrations de la Journée nationale des Autochtones de votre région et faire la fête avec eux?

Lors des festivités de la Journée nationale des Autochtones, tout le monde y trouve son compte.

Chapitre 2

L'Action de grâces

Chaque année, en reconnaissance de la générosité de la terre, les Canadiens célèbrent l'Action de grâces. Ce jour spécial a lieu en automne, après les récoltes.

L'origine de l'Action de grâces au Canada remonte très loin dans le temps. Bien avant que l'Action de grâces ne devienne une fête officielle, les habitants de ces terres et de ces rivages rendaient grâce lors de cérémonies spéciales. Pendant des générations, les peuples des Premières Nations ont récolté des baies, des plantes et des légumes. Ils ont chassé des animaux et pêché du poisson. Ils remerciaient le Créateur pour ces cadeaux offerts par la Terre.

Il y a plus de 400 ans, les premiers Européens sont arrivés au pays qui est aujourd'hui le Canada. Martin Frobisher, un explorateur anglais, a navigué jusqu'au **Nouveau Monde** à trois reprises, en 1576, 1577 et 1578. Avec son équipage, il a exploré l'Arctique canadien dans l'espoir de découvrir un passage vers l'océan Pacifique, mais sans succès.

Les traversées étaient difficiles et périlleuses. Cependant, la majorité des membres d'équipage ont survécu. En reconnaissance, ils ont organisé une cérémonie de prières.

Une anse de l'océan Atlantique, au nord du Canada,
s'appelle Frobisher Bay en l'honneur de Martin Frobisher.

Au début des années 1600, l'explorateur
français Samuel de Champlain est arrivé
sur les rivages de ce qui est maintenant le
Canada. Il a exploré le fleuve Saint-Laurent.
En 1608, il a fondé une colonie à Québec.
Avec son groupe de colons, ils ont passé l'hiver
sur une île, dans la baie de Fundy.

La statue de Samuel de
Champlain domine la
ville de Québec depuis
plus de 100 ans.

Reconstruction de l'habitation de Port-Royal datant de 1605, où se réunissait l'Ordre de Bon Temps.

Pour supporter les mois sombres et froids, Champlain et ses hommes ont créé un club, baptisé l'Ordre de Bon Temps. À tour de rôle, les hommes préparaient un repas spécial et invitaient les membres des Premières Nations à se joindre à eux. Selon certains, il s'agirait des premiers repas de l'Action de grâces au Canada!

Exemple de menu d'un repas d'Action de grâces de l'Ordre de Bon Temps :
des moules cuites sous des aiguilles de pin
un pâté au gibier
du faisan braisé
de la morue à la sauce au homard

Au cours des années suivantes, beaucoup de colons sont venus d'Europe pour s'installer dans la région représentant aujourd'hui le Canada et les États-Unis. Un grand nombre était des fermiers. Lorsqu'ils vivaient en Europe, ils célébraient la moisson chaque année. Ils ont apporté ces traditions en Amérique du Nord.

L'Action de grâces américaine

La tradition de l'Action de grâces américaine a débuté en 1621, lorsque des colons arrivés à Plymouth au Massachusetts ont organisé une fête après leurs premières récoltes. Durant la Révolution américaine (de 1776 à 1783) et les années qui ont suivi, de nombreux Américains sont venus s'installer au Canada, qui faisait encore partie de l'Empire britannique. Certains voulaient éviter le conflit. D'autres ne voulaient pas l'indépendance et désiraient rester loyaux à la Grande-Bretagne. Des traditions américaines, comme le repas de dinde, se sont intégrées à l'Action de grâces canadienne. Aux États-Unis, on célèbre l'Action de grâces le quatrième jeudi de novembre.

En 1878, le gouvernement canadien a fait de l'Action de grâces un jour férié officiel. Elle était alors fêtée un jeudi de novembre.

Un fermier moissonne son champ de blé.

En 1957, le gouvernement canadien a changé
la date de l'Action de grâces et l'a fixée au
deuxième lundi d'octobre. À cette date, la
plupart des récoltes d'automne, soit les
dernières de l'année, sont terminées. Partout
au pays, les fermiers ont récolté leurs fruits
et leurs légumes – comme les pommes,
les canneberges et les citrouilles – et ont
moissonné leurs champs de blé et de maïs,
par exemple. Ils ont préparé les champs pour
l'année suivante. Le gouvernement a offert
un congé aux Canadiens durant cette saison
afin qu'ils puissent remercier la terre pour sa
générosité, dont ils ont profité toute l'année.

Foires automnales

Qui veut croquer une pomme au caramel? Qui a fait pousser la plus grosse citrouille?

Partout au Canada, on fête les récoltes en organisant des foires automnales et des foires agricoles sur le champ de foire local ou dans la rue principale. Il y a souvent des manèges de poneys, une exposition d'animaux domestiques, un concours de violoneux ou une démonstration de tonte de moutons. On y vend des pâtisseries et on y expose des produits agricoles.

Depuis plus de 100 ans, des milliers de personnes participent à ces foires. Des fermiers exposent leurs plus beaux et plus gros légumes. D'autres présentent leurs animaux de ferme. Beaucoup de gens viennent voir concourir des chevaux ou des chiens. Et les labyrinthes de maïs, le jeu de la pomme dans l'eau et les citrouilles sculptées font la joie des familles.

Quelle citrouille remportera le premier prix?

De nos jours, à l'approche de l'Action de grâces, les familles, souvent dispersées dans différentes régions, se réunissent. Certaines familles passent la fin de semaine ensemble et profitent de cette occasion pour admirer les superbes couleurs d'automne en se promenant à pied ou en voiture. D'autres familles préfèrent regarder ensemble des émissions sportives dans le confort de leur salon.

À l'Action de grâces, les plaisirs de la table sont au rendez-vous! La table est décorée avec des épis de maïs séchés, des citrouilles et même une corne d'abondance remplie de divers fruits et légumes, symbole des récoltes généreuses.

Dans de nombreux foyers, on prépare le souper de l'Action de grâces traditionnel : on sert de la dinde ou du jambon, de la farce, de la sauce brune ou aux canneberges, ainsi qu'un assortiment de légumes d'automne tels que maïs, carottes, navets et pommes de terre. La tarte à la citrouille, garnie d'une cuillerée de crème fouettée est un dessert populaire pour cette occasion. Les familles ont leurs plats favoris qu'elles aiment préparer année après année. Comment ta famille fête-t-elle l'Action de grâces?

Aujourd'hui, une grande partie de nos aliments est importée d'autres pays. Toutefois, les aliments utilisés pour le repas traditionnel de l'Action de grâces proviennent des champs ou des vergers locaux. Beaucoup d'entre eux – comme la courge, le riz sauvage, le maïs et les canneberges – étaient déjà consommés par les peuples autochtones il y a des siècles.

Les gens profitent souvent de ce moment pour réfléchir aux événements de leur vie pour lesquels ils sont reconnaissants. Certains expriment cette reconnaissance verbalement. Dans de nombreux foyers, un membre de la famille récite une prière, ou dit quelques mots de remerciement pour le repas. Puis, c'est le temps de se régaler!

Le festin est prêt. Il ne reste plus qu'à le servir.

Chapitre 3

La fête du Canada

À l'occasion de la fête du Canada, les Canadiens célèbrent l'anniversaire de leur pays en participant aux activités organisées d'un océan à l'autre.

Le 1ᵉʳ juillet 1867, on a créé une **confédération**, appelée le Dominion du Canada. Elle comprenait la Nouvelle-Écosse, le Nouveau-Brunswick, l'Ontario et le Québec.

Les gens ont fait la fête dans le nouveau pays ainsi constitué. À Saint John, au Nouveau-Brunswick, on a tiré une salve de 21 coups de canon, à quatre heures du matin. À Kingston, en Ontario, on a tiré des coups de canon à partir du fort Henry, à six heures du matin. À Trois-Rivières, au Québec, on a célébré une messe matinale dans la cathédrale.

Dans chacune des provinces, les gens se sont rassemblés pour entendre la proclamation de la création du Dominion du Canada. Puis ils ont fait la fête en organisant des pique-niques, des défilés et des événements sportifs. La journée s'est terminée par des feux d'artifice.

Un an plus tard, le **gouverneur général** a fait une déclaration officielle dans laquelle il enjoignait les Canadiens à fêter l'anniversaire de la Confédération chaque année, le 1ᵉʳ juillet.

Ici et là, on a organisé des festivités locales, mais malgré la proclamation du gouverneur général, l'anniversaire du pays suscitait peu d'enthousiasme chez les habitants du Canada. Nombre d'entre eux se considéraient encore comme Britanniques, et non pas Canadiens.

En 1879, le gouvernement a donné un nom officiel à l'anniversaire du Canada afin que tous les habitants du pays reconnaissent son importance. On l'a baptisé la fête du Dominion et on en a fait un jour férié.

En 1917, le Canada a fêté son 50e anniversaire en tant que pays. Pour la première fois, le **gouvernement fédéral** a organisé des festivités pour la fête du Dominion. Il y a eu un défilé militaire sur la Colline du Parlement, à Ottawa. En outre, on a inauguré le nouvel immeuble central des édifices du Parlement, pour honorer les Pères de la Confédération canadienne et les Canadiens qui combattaient outre-Atlantique durant la Première Guerre mondiale.

Une foule se masse devant l'hôtel Château Laurier à Ottawa, en 1927. Beaucoup de célébrations du Jubilé de diamant ont eu lieu à cet hôtel luxueux.

Dix ans plus tard, en 1927, on a fêté le 60ᵉ anniversaire du Canada. Cet événement a été baptisé le Jubilé de diamant de la Confédération. Environ 50 000 personnes se sont rassemblées devant les édifices du Parlement à Ottawa. Vingt-trois stations de radio ont diffusé les événements en direct, sur des réseaux anglais et français. Des compagnies de téléphone et de télégraphe prenaient la relève dans les régions qui ne pouvaient capter la radio. Ainsi, des millions de Canadiens ont écouté ensemble des discours, des poèmes et une chorale de 10 000 enfants. À midi, ils ont entendu le tintement du carillon de la nouvelle horloge de la Tour de la Paix. Les festivités ont rassemblé les gens de tout le pays.

À partir de 1960, le gouvernement canadien a organisé des festivités chaque année, pour la fête du Dominion. Le 1er juillet 1967, le Canada a fêté son 100e anniversaire. En 1982, la fête a été officiellement rebaptisée fête du Canada.

À Ottawa, le 1er juillet, il y a toujours de grandes célébrations, dont le gouverneur général est l'hôte. Souvent, un membre de la famille royale y assiste afin de souligner le lien unissant le Canada à l'Empire britannique. Le traditionnel feu d'artifice clôture la soirée.

Il y a foule près de la Colline du Parlement à Ottawa, en Ontario, le jour de la fête du Canada.

Partout dans le pays, comme ici à Canmore, en Alberta, il y a des barbecues, des pique-niques, des spectacles aériens et des concerts.

Le jour de la fête du Canada marque la fin des célébrations qui se déroulent sur onze jours et qu'on appelle Le Canada en fête! Le Canada en fête compte quatre journées spéciales. La Journée nationale des Autochtones, décrite dans le chapitre un, ouvre les festivités, le 21 juin. La Saint-Jean-Baptiste a lieu le 24 juin. La Journée canadienne du multiculturalisme se tient le 27 juin.

La Saint-Jean-Baptiste

Fêtée par les Canadiens français de tout le pays, la Saint-Jean-Baptiste marque l'arrivée de l'été. Elle honore aussi saint Jean Baptiste, le saint patron du Québec. Au Canada, les premières célébrations se sont déroulées le long du fleuve Saint-Laurent, au début des années 1600. Les premiers colons français allumaient des feux de joie et tiraient des coups de mousquet et de canon.

En 1834, une société nationale de Canadiens français a été fondée à Montréal : la Société Saint-Jean-Baptiste. Ses emblèmes étaient la feuille d'érable et le castor. Chaque année, le 24 juin, un banquet avait lieu pour célébrer la fondation de la société.

Des communautés francophones situées dans d'autres régions du pays ont aussi commencé à souligner ce jour avec des fanfares et des chorales, des défilés, des danses et des concerts.

De nos jours, la Saint-Jean-Baptiste est un jour férié au Québec. On assiste à des festivités publiques, ainsi qu'à des célébrations locales et de quartier. Les gens organisent des ventes-débarras, des pique-niques et des barbecues dans les arrière-cours. Il y a aussi des fêtes en plein air, des feux d'artifice et des danses. Beaucoup de gens s'habillent en bleu et blanc, les couleurs du drapeau du Québec.

La Journée canadienne du multiculturalisme

Le Canada est constitué de gens de différentes cultures et religions. En tant que Canadiens, ces gens partagent de nombreuses valeurs communes. Par exemple, l'engagement envers la démocratie, l'égalité et le respect mutuel. Ils partagent aussi leur énergie, leurs compétences et leur enthousiasme dans le but de faire du Canada un grand pays.

Le multiculturalisme est devenu une politique officielle du gouvernement canadien dans les années 1980. La *Loi sur le multiculturalisme* a été adoptée en 1988. Elle préserve et promeut le multiculturalisme au Canada. Selon cette loi, tout Canadien doit recevoir un traitement égal, peu importe sa religion, la couleur de sa peau ou son patrimoine culturel.

Chaque année, de nouveaux arrivants qui proviennent de différentes parties du monde s'installent au Canada. Parfois, des cérémonies spéciales en l'honneur des nouveaux citoyens canadiens ont lieu le jour de la fête du Canada.

La Journée canadienne du multiculturalisme a lieu le 27 juin depuis 2003. Ce jour-là, les Canadiens célèbrent une tradition de respect envers les gens de toutes les cultures et de toutes les croyances. On organise des festivals où l'on présente des danses, de la musique, des mets et des coutumes de divers pays.

Chapitre 4

Le Stampede de Calgary

Tous les ans, en juillet, des millions de personnes se rassemblent à Calgary pendant dix jours. Les gens célèbrent les talents des cow-boys qui ont contribué à façonner l'Ouest canadien.

Dans les années 1870, bien avant que des fermiers n'arrivent des États-Unis et de l'est du Canada pour cultiver les plaines des Prairies, les cow-boys parcouraient ces immenses pâturages. Ils y faisaient paître leurs grands troupeaux de bétail. Chaque année, les cow-boys participaient au rassemblement printanier et attrapaient les veaux au lasso pour les marquer. Ils montaient les chevaux sauvages pour essayer de les dresser.

Ces cow-boys parcouraient à cheval les pâturages de l'Alberta autour de 1880.

En 1886, Calgary a organisé sa première grande exposition agricole. C'est devenu une tradition. À partir de 1899, Calgary a organisé une foire annuelle : la « Calgary Industrial Exhibition ». En 1908, on a aussi organisé l'Exposition du Dominion du Canada à Calgary. Elle comprenait un défilé, des exercices au lasso et une course de chevaux. Les cow-boys montraient leurs habiletés lors d'un rodéo, une compétition qui pouvait comporter le terrassement d'un bouvillon, la prise d'un veau au lasso et la monte d'un cheval sauvage.

En 1884, Calgary est devenue officiellement une municipalité. Elle comptait 500 habitants.

Au fil des années, à mesure que les éleveurs et les fermiers clôturaient les pâturages, la vie traditionnelle du cow-boy a changé définitivement. Guy Weadick, un cow-boy et artiste qui s'est produit dans des spectacles de Far West dans le monde entier, craignait que les habiletés des cow-boys de l'Ouest canadien ne se perdent. Il a voulu créer un événement mettant en lumière les talents des cow-boys, ce qui a donné lieu au « Frontier Days and Cowboy Championship Contest » en 1912.

Plus tard, Weadick a organisé un autre événement. Celui-ci célébrait la fin de la Première Guerre mondiale et portait le nom de « Victoria Stampede ».

En anglais, le mot « stampede » désigne la fuite précipitée d'animaux effarouchés, comme des chevaux ou du bétail.

En 1923, le Stampede de Weadick s'est déroulé en même temps que la « Calgary Exhibition » annuelle. Les deux événements combinés ont pris le nom de « Calgary Stampede and Exhibition ».

Un cow-boy, J. Webber, montant un cheval sauvage lors d'un Stampede de Calgary, en 1920.

Les habitants de Calgary s'habillaient en vêtements western pour aller au « Calgary Stampede and Exhibition ». Il y avait des fêtes dans les rues. L'événement comportait encore du rodéo et une course de chevaux. Il y avait aussi une nouvelle activité inventée par Guy Weadick : la course de chariots bâchés. Un chariot bâché était un chariot tiré par des chevaux, utilisé pour transporter de la nourriture et du matériel de cuisson dans les prairies, durant la colonisation de l'Ouest. Quatre chariots bâchés faisaient une course autour d'une piste de 800 mètres. Le premier qui sortait son fourneau et allumait un feu gagnait.

Dans les années 1920 et 1930, plusieurs films hollywoodiens ont été tournés lors du Stampede, comme l'indique l'affiche ci-dessus.

Pendant le Stampede, les gens participent à des jeux et font des tours de manège. Beaucoup aiment porter un chapeau de cow-boy pour l'occasion.

Le « Calgary Stampede and Exhibition » est maintenant connu sous le nom de Stampede de Calgary. Il a continué à prendre de l'ampleur, mais demeure un événement annuel destiné à honorer les cow-boys et les grands éleveurs de l'Ouest canadien. En 1980, la ville de Calgary a construit, pour les Jeux olympiques d'hiver de 1988, le Saddledome, un stade intérieur pouvant accueillir plus de 17 000 personnes. Plusieurs spectacles s'y déroulent pendant le Stampede.

Aujourd'hui, le Stampede de Calgary se déroule tous les ans au mois de juillet et dure dix jours. Il est connu comme « le plus grand spectacle extérieur au monde ». Plus d'un million de personnes vont au Stampede. Celui-ci comprend des défilés, un parc d'attractions, des concerts et des spectacles. Chaque année, des centaines de rodéos sont organisés dans tout le Canada, mais le Stampede de Calgary est le plus grand rodéo au monde. Il offre pour 2 millions de dollars de prix. Les concurrents viennent de toute l'Amérique du Nord et nombre d'entre eux amènent avec eux leurs meilleurs chevaux.

Les choses changent peu! Un cow-boy monte un cheval sauvage lors d'une des compétitions récentes du Stampede de Calgary.

Le jour de la Découverte

Comme le Stampede de Calgary, le jour de la Découverte du Yukon célèbre un autre aspect important de la riche histoire du Canada. C'est une fête légale au Yukon, célébrée le troisième lundi d'août.

Le 17 août 1896, George Washington Carmack a découvert de l'or à Bonanza Creek, au Yukon, et cela a déclenché une ruée vers l'or dans la région du Klondike. Plus de 30 000 mineurs et marchands ont accouru dans la région, dans l'espoir de devenir riches. Avec l'arrivée de tous ces gens, des petites villes ont surgi, dont celle qui est devenue Dawson City. Le territoire du Yukon était établi.

Les chercheurs d'or du Klondike devaient escalader le col escarpé du Chilkoot. Pour ce faire, ils devaient gravir 1 500 marches taillées dans la neige sur le flanc de la montagne en portant leur équipement sur le dos.

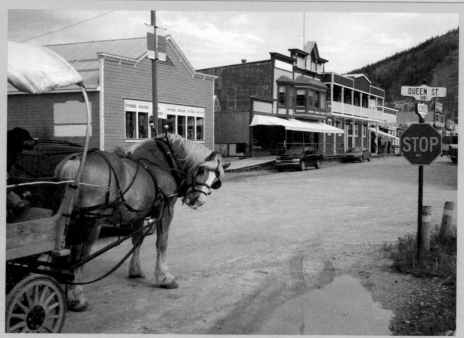

Aujourd'hui, Dawson City a encore des airs de l'époque de la ruée vers l'or.

Le jour de la Découverte est devenu un jour férié au Yukon en 1911. Les habitants du territoire en profitent donc pour faire la fête! Dans certains lieux, comme à Dawson, des événements spéciaux sont organisés durant toute la semaine à l'intention des résidents et des visiteurs. Des activités pour toute la famille y sont offertes : maquillage pour enfants, expositions d'artisanat et danses. On organise une visite guidée de la ville, un festival des arts et même un tournoi de golf.

Pendant les dix jours du Stampede, les habitants de Calgary profitent de l'ambiance festive qui y règne. Le Stampede commence par un défilé dans la rue principale de la ville. Des milliers de personnes se rassemblent pour admirer les cavaliers costumés et les chars allégoriques, et pour taper des mains au rythme des fanfares. Des entreprises et des groupes communautaires organisent des déjeuners de crêpes et des fêtes. Et les chapeaux de cow-boy sont partout!

Durant le Stampede de 1923, tous les matins, Jack Morton, un sympathique conducteur de chariot bâché, invitait les passants à partager son déjeuner. Cet événement a lancé la tradition du déjeuner de crêpes communautaire!

Des crêpes sur un gril pour nourrir la foule.

Les cow-boys - et les cow-girls - avec
leurs chevaux sont toujours au cœur du
Stampede pour des jours de rodéo et de
course de chariots bâchés passionnants. La
dernière fin de semaine du Stampede, les
spectateurs adorent assister aux finales, tout
particulièrement le rodéo où un seul gagnant
remporte le tout. Le stade est plein à craquer.
Quelques jours après le Stampede, les gens
achètent déjà leurs billets pour l'année
suivante. Ils ne veulent surtout pas manquer
le plus grand spectacle extérieur au monde!

Chapitre 5

Le Carnaval de Québec

Si tu vas à Québec à la fin de janvier ou au début de février, tu pourras célébrer l'hiver au plus grand carnaval d'hiver du monde!

Les célébrations de l'hiver à Québec ont commencé il y a plus de 200 ans. En 1800, beaucoup de colons français habitaient dans la région qui est aujourd'hui la ville de Québec. La plupart d'entre eux étaient des chrétiens catholiques qui célébraient la fête religieuse de Pâques. Les 40 jours précédant Pâques s'appellent le carême. Durant ces semaines, de nombreux chrétiens vont à l'église. Certains jeûnent pendant plusieurs jours, renoncent à la viande et ne prennent qu'un seul repas par jour. C'est un temps de prière et de contemplation.

Flâner dans Québec permet de voir des éléments témoignant de sa longue histoire. En 1985, l'UNESCO a fait du quartier historique de Québec un site du patrimoine mondial.

Toutefois, avant la période sérieuse du carême, les colons français organisaient une grande fête dans leur communauté. Ils dégustaient du lapin, de la viande de cerf et de la **tourtière**, un pâté à la viande épicé. Ils buvaient de la bière et de l'hydromel, une boisson alcoolisée faite de miel fermenté, d'eau et d'épices. Ils organisaient des concours de patinage et des compétitions de traîneaux à chiens. Il y avait même des courses de canots là où les rameurs téméraires trouvaient de l'eau qui n'était pas gelée!

La vie des colons était rude. Ils luttaient chaque jour pour leur survie. Les hivers étaient longs et apportaient le froid extrême, les jours les plus courts et des privations dues à une baisse des provisions alimentaires et des médicaments. Toutes ces réjouissances étaient donc très importantes pour eux. Elles leur remontaient le moral au milieu de l'hiver!

Quand la colonie de Québec s'est agrandie au point de devenir une ville, les citoyens ont commencé à organiser une célébration hivernale régulièrement. La première a eu lieu en 1894 et elle a été nommée Carnaval. Ce carnaval avait lieu à quelques années d'intervalle, mais les célébrations ont été interrompues pendant les deux guerres mondiales et durant plusieurs périodes de difficultés économiques.

En 1955, la ville de Québec a décidé de relancer la tradition du festival d'hiver. Les organisateurs ont invité les visiteurs du Canada et du monde à y participer. Ils ont créé une nouvelle mascotte, Bonhomme Carnaval. Il s'agissait d'un bonhomme de neige jovial, coiffé d'un bonnet rouge et paré d'une **ceinture fléchée**. À l'ouverture du Carnaval de Québec, Bonhomme Carnaval accueillait tous les « carnavaleux ». Un quart de million de personnes ont participé aux festivités. Elles ont admiré le palais de glace magique construit pour Bonhomme; il comprenait même un donjon. Il y avait un bal costumé, le Bal de la Régence.

Des foules importantes regardaient des coureurs en canot à glace s'affronter sur le fleuve Saint-Laurent gelé. Ils utilisaient leurs rames pour avancer, mais gardaient aussi une jambe hors du canot pour « faire de la trotte » entre les blocs de glace.

La tradition de la course de canots à glace se poursuit. Aujourd'hui, les canots à glace sont en fibre de verre et mesurent 9 mètres de long. Quatre coureurs rament et le cinquième, à l'arrière, dirige le canot avec sa rame. Les coureurs portent des bottes en néoprène munies de crampons pour se garder les orteils au chaud et pour adhérer à la glace. Ils s'entraînent toute l'année en vue de cette course très attendue de tous!

À chaque Carnaval, la course de canots à glace demeure un événement très populaire pour ceux qui aiment défier la glace, le vent et les vagues.

Il y a trois concours de sculpture sur neige au Carnaval : un concours provincial, un national et un international. Beaucoup de sculpteurs travaillent toute la nuit pour donner vie à la neige!

Les artistes construisaient des sculptures de neige. Les patineurs participaient à des compétitions de saut de barils. Tous les « carnavaleux » dégustaient la nourriture traditionnelle des **habitants**, les premiers fermiers français. Au menu : jambon, soupe aux pois, pâté, fèves au lard et tourtière. Un des desserts favoris était la tarte au sucre faite avec du sirop d'érable.

Depuis 1955, le Carnaval de Québec a lieu chaque année. C'est le plus grand carnaval d'hiver au monde! Il débute une fin de semaine de janvier ou de février et dure deux semaines.

> **Bonhomme est l'ambassadeur de la joie de vivre des Québécois.**

Bonhomme Carnaval arrive à Québec un mois avant le début du Carnaval. C'est un invité d'honneur. Le maire lui remet les clés de la ville! Le festival comprend un défilé d'ouverture et un défilé de clôture, et Bonhomme est l'hôte de toutes les festivités. Le bal a été rebaptisé « Bal de Bonhomme »!

Il y a une reine du Carnaval dont le nom est tiré au sort. Autrefois, Bonhomme était accompagné par sept duchesses. Aujourd'hui, ses compagnons sont les knuks (prononcer « nouks »), un groupe de lutins espiègles.

Festivités d'hiver et de printemps

Les festivités d'hiver proposées dans de nombreuses communautés partout au pays aident les Canadiens à oublier les mois sombres et froids. Quand le printemps arrive, apportant le retour de la chaleur et le renouveau de la nature, les Canadiens recommencent à faire la fête! Voici certaines des fêtes organisées dans le pays :

Le Carnaval d'hiver de Corner Brook à Terre-Neuve-et-Labrador dure dix jours, en février. Il propose de nombreuses activités : un concours de sculpture sur neige, des feux d'artifice, des courses de chevaux et des sculptures sur glace, ainsi qu'un tournoi de hockey, un concours d'épellation, un concours de talents et une compétition de karaoké. La mascotte s'appelle Leif the Lucky, d'après le nom du Viking Leif Eriksson qui aurait été le premier Européen à débarquer en Amérique du Nord.

Toonik Tyme est une fête communautaire organisée à Iqaluit, au Nunavut. Elle se déroule en avril, juste au moment où la nuit hivernale interminable s'éclaircit et où les jours commencent à rallonger. Les résidents accueillent le printemps en faisant des courses de motoneiges, en construisant des igloos et en dégustant des mets inuits traditionnels.

Quand la sève se met à couler au printemps, de nombreuses communautés de l'Ontario, du Québec, du Nouveau-Brunswick, de la Nouvelle-Écosse et de l'Île-du-Prince-Édouard organisent des festivités comme des démonstrations de fabrication de sirop d'érable et des déjeuners de crêpes. Les gens peuvent visiter une cabane à sucre à pied, en raquettes ou parfois en carriole tirée par des chevaux.

Aujourd'hui, le Carnaval de Québec propose des activités plus nombreuses que jamais. Les **Plaines d'Abraham,** site principal des activités, se transforment en un immense parc d'attractions. On y présente une foule d'activités, notamment des concerts en plein air, du rafting sur neige, des glissades sur glace et une course d'obstacles extérieure pour chiens. Il y a également une course de tacots et une tyrolienne.

La course de traîneaux à chiens attire toujours les foules. Les équipes partent à une minute d'intervalle. La course se déroule sur un parcours de 6 kilomètres, un sprint pour les chiens! Ils peuvent atteindre la vitesse de 50 km/h.

Des patineurs à l'entrée du vieux Québec.

Beaucoup d'activités sont inspirées du mode de vie traditionnel des premiers colons français, comme les courses de traîneaux à chiens dans les rues de la ville, les courses d'attelages et, bien entendu, la course de canots à glace sur le fleuve Saint-Laurent.

Le concours international de sculpture sur neige est un événement important du Carnaval. Des sculpteurs du monde entier y participent et les spectateurs restent béats d'admiration devant ces œuvres incroyables.

Comme tu peux le constater, il est impossible
de s'ennuyer pendant chacun des 17 jours
du Carnaval! Et si les « carnavaleux » ont
encore de l'énergie après le coucher du soleil,
ils peuvent assister au défilé de nuit qui a
lieu durant la deuxième et la troisième fin
de semaine de la fête. Et ils peuvent aussi
patiner tous les soirs sous les étoiles.

Quelle est la meilleure façon d'affronter le froid
de l'hiver canadien? Les gens du Carnaval
semblent l'avoir trouvée.

Glossaire

Autochtones : les descendants des premiers habitants du Canada; ce sont les Premières Nations, les Métis et les Inuits.

ceinture fléchée : la large ceinture traditionnelle portée par les pionniers français.

Confédération : l'union de personnes, de groupes ou de territoires. L'Ontario, le Québec, Terre-Neuve et le Nouveau-Brunswick se sont unis pour former le Canada en 1867.

gouvernement fédéral : le gouvernement du Canada, situé à Ottawa.

gouverneur général : le représentant de la reine ou du roi d'Angleterre, au Canada.

habitants : ce terme était utilisé pour désigner les premiers colons français.

Inuit : un peuple autochtone du nord du Canada, qui vit au Nunavut, dans les Territoires du Nord-Ouest, dans le nord du Québec et le nord du Labrador; ce mot signifie « le peuple » dans la langue inuit, l'inuktitut.

Métis : une personne ayant des ancêtres européens et des Premières Nations.

Nouveau Monde : on appelle l'Amérique du Nord et du Sud le Nouveau Monde en relation avec l'Europe, l'Asie et l'Afrique.

Plaines d'Abraham : le site de la bataille historique de 1759 au terme de laquelle l'armée britannique a battu les Français et a pris le contrôle du Canada. Ce site est maintenant un parc de la ville de Québec.

Premières Nations : un groupe d'Autochtones formant une communauté.

solstice d'été : le jour le plus long de l'année qui se situe autour du 21 juin dans l'hémisphère Nord.

tourtière : un pâté à la viande épicé, mets traditionnel canadien-français.

Dates des fêtes au Canada

Note les dates des festivités dont il est question dans ce livre. Certains événements ne tombent pas toujours à la même date chaque année, et d'autres, comme la fête du Canada, ont toujours lieu à la même date, chaque année.

Nom	Date	Lieu
Carnaval de Québec	en janvier et février (2 ½ semaines)	Ville de Québec, Qc
Carnaval d'hiver de Corner Brook	en février (3ᵉ lundi)	Corner Brook, T.-N.-L
Toonik Tyme	en avril (une semaine)	Iqaluit, Nt
Le Canada en fête!	du 21 juin au 1ᵉʳ juillet	Partout au Canada
Journée nationale des Autochtones	21 juin	Partout au Canada
Saint-Jean-Baptiste	24 juin	Partout au Canada
Journée canadienne du multiculturalisme	27 juin	Partout au Canada
Fête du Canada	1ᵉʳ juillet	Partout au Canada
Stampede de Calgary	en juillet (10 jours)	Calgary, Alb.
Jour de la Découverte	en août (3ᵉ lundi)	Yukon
Action de grâces	en octobre (2ᵉ lundi)	Partout au Canada

Index

Action de grâces 13-21
    américaine 17
    histoire 14-17
    traditions 20, 21

Canada en fête 23, 28
Carnaval d'hiver de Corner Brook 52
Carnaval de Québec 45-55
    histoire 46-50
Clarkson, Adrienne 6
Confédération 24, 26

de Champlain, Samuel 15
    Ordre de Bon Temps 16

fête du Canada 23-31
    histoire 24-26
foires automnales 19
Frobisher, Martin 14, 15

Inuit 4, 5, 10, 52
    chant guttural 5, 10

jour de la Découverte 40-41
jour de la Saint-Jean-Baptiste 28, 29

Journée canadienne du
    multiculturalisme 28, 30-31
Journée nationale des autochtones
    3-11, 28
    concours de drapeau 7

Métis 4, 10

pow-wow 8-9
Premières Nations 4, 14, 16
    algonquin (langue) 8
    Pieds-Noirs 4
    Haïda 4
    Mi'kmaq 4

récolte 14, 17, 18, 19, 21
ruée vers l'or au Klondike 40

solstice d'été 5
Stampede de Calgary 33-43
    histoire 34-37

Toonik Tyme 52

Références photographiques :